INSTITUT

DU

TEMPLE DE LA GLOIRE

INSTITUT

DU

TEMPLE DE LA GLOIRE

FONDÉ EN EXÉCUTION

DU

DÉCRET DE S. M. L'EMPEREUR NAPOLÉON Ier,

Daté du Camp de Posen, le 2 décembre 1806.

Tout couvert des lauriers que donne la Victoire,
Lui seul pouvait fonder le Temple de la Gloire.

A PARIS,

CE 7 OCTOBRE 1853.

TEMPLE DE LA GLOIRE

FONDÉ

PAR L'EMPEREUR NAPOLÉON IER.

Par un Décret du 2 décembre 1806, l'Empereur Napoléon Ier a ordonné la construction d'un Temple sur l'emplacement de la Madeleine. Ce monument, digne de la majesté de son nom, dédié à la Grande-Armée, devait transmettre à la postérité la plus reculée les noms et les brillants exploits de ses compagnons d'armes, de ces braves qui ont vaincu à Ulm, Austerlitz et Iéna....., comme aussi les noms de ceux qui sont morts sur les autres champs de bataille.

Déjà la construction de ce monument touchait à sa fin, quand, en 1816, la Restauration en fit changer la destination, en lui substituant l'église de la Madeleine.

Aujourd'hui que l'Empire est reconstitué et que la dynastie impériale règne....., que le Gouvernement a pris la ferme résolution d'accorder des récompenses nationales (1) aux bien méritants....., n'est-ce pas le moment opportun de donner suite aux dispositions du

---

(1) Circulaire ministérielle qui prescrit aux préfets de rechercher dans les départements les citoyens qui ont bien mérité de la patrie, afin de perpétuer le souvenir de leurs belles actions, soit par l'érection d'un monument, soit par l'insertion de leurs noms dans l'histoire de la province qui les a vu naître..... Idée sublime qui tend à honorer le courage et récompenser la vertu !...

Décret précité, surtout quand on le peut sans le concours du Trésor public?...

Je ne proposerai pas de nouveaux changements à la Madeleine.....; laissons-lui son culte actuel; l'Institut, avec l'appui du Gouvernement, saura bâtir ou se procurer un édifice convenable pour le Temple de la Gloire; ses dépendances suffiront à l'installation des bureaux de l'administration, des archives et des divers ateliers artistiques.

Mais l'Empereur, par son Décret, semble ne s'occuper que des militaires placés alors sous ses ordres, à la Grande-Armée.

Cependant ont-ils moins de droits à la reconnaissance publique ceux-là qui, obéissant aux lois de leur pays, sont morts en combattant, ou ont versé leur sang pour la patrie dans les plaines de la Syrie, sur les sables brûlants de l'Égypte, dans les déserts arides de l'Afrique, aux champs de l'Ibérie, de l'Italie, de l'Allemagne, de la Russie, de l'Espagne, du Portugal, de l'Orient, de la Crimée, de l'univers entier, enfin?...

Non, sans doute; et ce que l'Empereur n'a pas eu le temps de réaliser, l'équité commande de le faire!...

On comprendra donc dans un seul et même travail général, depuis 1792, les braves dont les noms doivent suivre à l'immortalité celui de leur auguste chef, et, du fond de son tombeau, les mânes du grand homme applaudiront à nos décisions.

MOYENS D'EXÉCUTION.

Par l'article 6 du Décret, l'Empereur fait une allocation de 3,000,000 de francs; et l'article 7 du même Décret dispose qu'il sera acheté 100,000 francs de rentes en inscriptions sur le grand-livre, pour servir à la dotation du monument et à son entretien annuel.

En ce moment, on ne pourrait, sans altérer le Trésor public, lui faire supporter de pareilles charges. Il faut alors aviser à un autre mode d'exécution.

A cet effet, je conseillerai, par économie, au lieu de tables d'or et d'argent massives, mentionnées au Décret, de faire usage de tables de marbre, d'airain et de *venusium* (1).

Sur les tables de marbre, on gravera les noms et prénoms de tous les hommes, par corps d'armée et par régiment, qui sont morts sur les champs de bataille ou par suite de leurs blessures;

Sur les tables d'airain, les noms de ceux qui ont assisté aux batailles mémorables;

Sur les tables de venusium, les noms, par département, des soldats que chaque arrondissement a fournis à la Grande-Armée.

Il sera tenu un grand-livre indicateur, dit *le Livre d'Or*, à plusieurs corps et compartiments, qui seront ajustés sur des chaînettes de fer, en forme d'échelle roulante. Le développement s'en fera sur une estrade d'une longueur suffisante pour que chaque corps d'armée soit contenu dans un des compartiments.

Par ce moyen, on aura sous les yeux la récapitulation générale des noms, prénoms et renseignements relatifs à chaque numéro d'immatriculation, c'est-à-dire de chaque militaire porté sur les matricules des régiments.

Chaque compartiment sera au moins de 20 centimè-

---

(1) Cuivre épuré au point d'imiter l'or. (Voir le Rapport de l'Institut national à l'Exposition, en faveur de M. Bourbon-Leblanc, qui en est l'inventeur.)

tres d'épaisseur, et de 80 de longueur, sur une largeur proportionnelle.

Les couvertures seront de venusium vert, et le dos de bronze à charnières doubles ; les feuillets seront de fort parchemin, dorés sur tranche.

Tous les compartiments seront enlacés sur les chaînettes, de façon, par l'effet du roulement de l'échelle de division, à ne faire à volonté qu'un seul volume.

Ce livre sera placé au haut du chœur du Temple, sur un strapontin disposé pour l'y recevoir.

Autour de la salle, à l'intérieur du Temple, seront sculptés des bas-reliefs où seront représentés les Colonels de chacun des régiments, avec leurs noms. Ces bas-reliefs seront faits de manière que les Colonels soient groupés autour de leurs Généraux de division et de brigade, par corps d'armée.

Des statues en marbre ou en plâtre des Maréchaux qui ont commandé des corps d'armée seront placées dans l'intérieur du Temple, sous les cadres de leurs corps respectifs.

Le cadre de la Grande-Armée occupera la place d'honneur du Temple.

Les deux colonnes latérales du centre recevront les noms des hommes d'État, membres de la Légion-d'Honneur, qui se seront illustrés par des services rendus à la France.

Les quatre coins cardinaux seront réservés aux braves des armées de mer.

PERSONNEL.

Un président.
Deux vice-présidents.

Une Commission centrale composée de 33 membres.

Un conservateur, garde général des archives, avec les bureaux de son administration (1).

Un inspecteur général.

Un trésorier.

Un bibliothécaire-archiviste.

Des Comités de département, composés chacun de 3 membres.

Des inspecteurs de département.

Des subdélégués d'arrondissement.

Un agent principal dans chaque canton.

Un agent particulier dans chaque commune.

Les membres de l'Institut y ayant charge ou emploi.

FINANCES.

Le Temple de la Gloire est un monument, par sa destination, éminemment national ; il intéresse la France entière ; car il y a peu de familles qui n'aient l'espoir d'y voir figurer au moins un de leurs membres.

Si donc on ouvre une souscription, on a d'avance l'assurance qu'elle surpassera en somme celle des Chambord, celles des grands domaines de l'État, comme aussi toutes celles qui ont eu lieu en faveur des Princes des dernières dynasties, et par conséquent qu'elle amènera un résultat satisfaisant par un produit suffisant pour la réalisation de ce projet.

Le montant des souscriptions sera perçu par les notaires-certificateurs cantonnaux, qui en feront directement, chaque trimestre, le versement à la caisse des

(1) Un chef de bureau, un sous-chef, douze employés et un garçon de bureau.

dépôts ou à celle d'épargne, d'où les fonds ne sortiront que pour être placés sur le grand-livre de l'État, jusqu'au moment où ils devront être employés à l'achat ou à la construction du monument dont s'agit.

La rente annuelle servira à l'entretien du Temple, à l'exécution des travaux et aux frais d'administration, selon qu'il en sera ordonné par la Commission centrale, ou, s'il y a lieu, par le Grand Conseil de la Légion-d'Honneur, conformément à l'article 8 du Décret impérial précité.

Les autres sommes versées par les membres de l'Institut seront également employées conformément aux articles 10 et 34 des Statuts constitutifs.

STATUTS

DE

L'INSTITUT DU TEMPLE DE LA GLOIRE.

TITRE Ier.

Objet des travaux de l'Institut du Temple de la Gloire.

Art. 1er. — L'Institut est fondé pour faciliter la mise à exécution des dispositions du décret impérial du 2 décembre 1806, rapporté ci-devant, et pour publier par la voie de l'impression, les hauts faits et belles actions des Braves qui y seront inscrits.

Il correspond avec les Sociétés savantes, françaises et étrangères; il publie ses travaux notamment par la voie d'un journal annuel; il écrit l'histoire militaire de l'époque, fait graver des cartes, plans et vignettes, et distribuer des médailles et des prix.

Art. — 2. Il se compose de Membres résidants, de Membres honoraires et de Membres correspondants : tout Membre résidant habite nécessairement Paris.

Art. 3. — Le nombre des Membres résidants est fixé à cent trois ; le nombre des Membres honoraires et des Membres correspondants est illimité.

Art. 4. — Les étrangers sont admis au même titre que les régnicoles.

Art. 5. — Les Membres de l'Institut sont principalement chargés de rechercher les souscriptions, d'encourager les Souscripteurs ; ils sont appelés à faire preuve de désintéressement, de zèle et de dévouement dans cette noble cause, pour accomplir avec honneur une œuvre si méritoire.

TITRE II.

Composition de l'Institut.

Art. 6. — L'Institut choisit dans son sein une Commission centrale.

Art. 7. — Les personnes qui se sont déclarées Souscripteurs, jusqu'à la nomination de la Commission centrale, forment l'Institut.

Art. 8. — Néanmoins, ces personnes ne seront acceptées qu'autant qu'elles réuniront les qualités et conditions voulues par l'article ci-après.

Art. 9. — Pour être admis par la suite dans l'Institut, il faudra être présenté par deux Membres, être d'une moralité notoire, d'une conduite irréprochable, avoir fait preuve d'attachement au gouvernement impérial, être auteur d'une Œuvre, imprimée ou manuscrite, rentrant dans la spécialité des travaux de l'Institut, et reçu par la Commission centrale, après vérification des titres et pièces justificatives exigées.

Art. 10. — Chaque Membre de l'Institut souscrit pour une contribution annuelle de dix francs au moins par année et donne en outre dix francs, une fois payés, lors de la remise du Diplôme.

Il est censé s'être retiré s'il n'a pas renouvelé sa souscription à l'époque de la dernière Assemblée générale de chaque année ; néanmoins il peut être admis de nouveau dans l'Institut, en suivant les formes prescrites par l'article précédent.

Art. 11. — L'Institut tient ses séances à Paris ; il se réunit deux fois par an en Assemblée générale, au mois de mai et au mois de décembre. Dans la première séance, il nomme son Bureau et procède à ses autres élections ; ses Prix, ses Médailles sont décernés et les nouveaux sujets de prix sont proposés.

Dans la deuxième séance, il est rendu compte de l'emploi des fonds, on distribue les comptes-rendus et la notice des travaux de l'Institut.

Art. 12. — Le Bureau est composé d'un Président, de deux Vice-Présidents, d'un Secrétaire et de deux Scrutateurs.

Art. 13. — Le Président, les deux Vice-Présidents et le Secrétaire sont élus pour un an, par scrutin individuel, à la majorité absolue, et ne peuvent être réélus dans les mêmes fonctions qu'après une année d'intervalle.

Art. 14. — Les deux Scrutateurs sont élus pour une année, à la majorité relative, et ne peuvent être réélus dans les mêmes fonctions qu'après une année d'intervalle.

Art. 15. — L'Institut nomme par scrutin individuel, à la majorité absolue, et à vie, un Conservateur, garde général des Archives, un Inspecteur général pour dix ans, qui pourra être réélu ; un Trésorier et un Archiviste bibliothécaire, qui restent en fonctions pendant cinq ans et peuvent être réélus ; il est ensuite procédé à l'élection des Membres de la Commission centrale.

Art. 16. — La Commission centrale nomme un Comité composé de trois Membres, y compris le Président, et nomme en outre un Inspecteur pour chaque département séant au chef-lieu, ensuite un Subdélégué pour chaque chef-lieu d'arrondissement, et un Agent principal pour chaque chef-lieu de canton, sur la proposition de l'autorité locale ou sur la présentation de l'Inspecteur général. Elle nommera, au besoin, un Agent particulier de surveillance dans chaque commune où on exécutera des travaux et des recherches.

TITRE III.

Commission centrale.

Art. 17. — La Commission centrale est chargée de toute l'administration ; elle agit au nom de l'Institut.

Art. 18. — Cette Commission est composée de trente-trois Membres : dans le nombre sont compris le Trésorier et l'Archiviste bibliothécaire.

Art. 19. — Les Membres de la Commission centrale sont nommés pour cinq ans et peuvent être réélus.

Art. 20. — Les Inspecteurs, Subdélégués et Agents principaux, pour quatre ans et peuvent être réélus.

Art. 21. — La première nomination et le renouvellement total de ladite Commission, comme celle des Ins-

pecteurs, Subdélégués et Agents principaux, s'opére-
ront par un scrutin de liste et par tiers. La nomination
aux places vacantes se fera par un scrutin individuel.

Art. 22. — La Commission centrale élit dans son
sein un Président, deux Vice-Présidents et un Secrétaire général.

Art. 23. — Le Président et les deux Vice-Présidents
sont élus pour un an, à la majorité absolue, et ne peuvent être réélus dans les mêmes fonctions qu'après
une année d'intervalle.

Art. 24. — Le Secrétaire général est élu pour dix
ans, par scrutin individuel, à la majorité absolue, et peut
être réélu.

Art. 25. — La Commission centrale s'assemble au
moins une fois par trois mois.

Art. 26. — La Commission centrale se divise en sept
Sections, dont les Membres sont choisis, chaque année,
au scrutin, à la majorité absolue, et peuvent être réélus ;
ces sept Sections sont :

1° La Section administrative.
2° La Section de correspondance.
3° La Section de publication.
4° La Section de comptabilité.
5° La Section des Inscriptions et Belles-Lettres.
6° La Section de proposition.
7° La Section des Beaux-Arts.

Art. 27. — La Section administrative est composée
de cinq Membres. Cette Section est chargée de vérifier
les rapports faits à la Société par l'Inspecteur général
et les Comités, d'y répondre, de pourvoir aux rempla-
cements des Membres absents ou démissionnaires, et en
général de proposer à la Commission centrale tout ce

qui sera jugé convenable au bien et à la prospérité de la *Société*.

Art. 28. — La Section de correspondance est composée de quatre Membres. Cette Section est chargée d'entretenir des relations avec les Inspecteurs, les Comités, Subdélégués et Agents principaux des départements, avec les Sociétés savantes françaises et étrangères, les voyageurs et les géographes de tous pays. Elle reçoit les ouvrages, tant imprimés que manuscrits, qui sont envoyés à l'Institut; elle en rend compte à la Commission et transmet ensuite les ouvrages imprimés à l'Archiviste bibliothécaire, et les ouvrages manuscrits à sa Section de publication.

Art. 29. — La Section de publication est composée de six Membres. Cette Section s'occupe de tout ce qui concerne l'impression des ouvrages inédits, des relations de voyages et campagnes, des articles biographiques des Braves inscrits au temple de la Gloire, de l'histoire y relative, des tournées des Inspecteurs, et de la gravure des cartes et des plans ; elle donne à la Commission centrale une connaissance détaillée des ouvrages adressés à l'Institut, et désigne ceux qui lui paraissent devoir être publiés en tout ou en partie. Sur son rapport, la Commission fait, parmi les ouvrages, le choix de ceux qu'elle croit devoir livrer à l'impression ou à la gravure.

Art. 30. — La Section de comptabilité est composée de quatre Membres. Cette Section est chargée de surveiller la rentrée des fonds et de vérifier les dépenses ; elle fait opérer le versement de toutes les sommes à percevoir au profit de l'Institut , ordonnance toutes les dépenses que ses travaux exigent, et rend à la Commission centrale un compte annuel de la gestion.

Art. 31. — La Section des Inscriptions et Belles-Lettres est composée de trois Membres. Cette Section est spécialement chargée de déchiffrer et faire la traduction des inscriptions monumentales qui lui seront transmises par l'Inspecteur général ou par les Comités des départements.

Art. — 32. La section de proposition est composée de trois Membres. Cette section est chargée de proposer les candidats à sa Commission centrale (après vérification des titres et pièces exigés.)

Art. 33. — La section des Beaux-Arts est composée de six Membres. Cette section sera composée d'Artistes distingués, auxquels il sera attribué une spécialité dans les travaux à exécuter.

Art. 34. — Dans les premières séances de chaque année, la Commission détermine les sujets de prix qui seront proposés et s'occupe du jugement des mémoires qui auront été envoyés au concours. Les sujets de prix et le jugement de la Commission ne seront rendus publics qu'après avoir été communiqués à l'Assemblée générale.

Art. 35. — La Commission se fait rendre compte de l'état de la caisse de l'Institut par le Trésorier, et de celui de la bibliothèque par l'Archiviste-Bibliothécaire, toutes les fois qu'elle le juge convenable ; elle nomme dans son sein deux Membres qui ne font point partie de la Section de comptabilité pour vérifier les comptes.

Art. 36. — La Commission centrale rend compte à l'Assemblée générale de la situation dans laquelle se trouve l'Institut, de l'état de sa correspondance, du progrès de ses différents travaux et de l'emploi de ses fonds.

Art. 37. — La Commission centrale fait connaître

aux Assemblées générales quels sont les Membres que l'Institut a perdus et ceux qu'il a acquis, et elle invite l'Institut à nommer aux places vacantes dans la Commission centrale pour l'espace de temps qui reste à parcourir jnsqu'au renouvellement quinquennal.

Art. 38. — La Commission centrale convoque une Assemblée générale extraordinaire des Membres de l'Institut lorsqu'elle le juge convenable.

Art. 39. — Le Conservateur formera les bureaux de son administration ; il nommera aux emplois vacants.

Art. 40. — Le traitement des Employés et Artistes sera fixé par la Commission centrale.

TITRE IV.

Dispositions générales.

Art. 41. — Tous les Membres de l'Institut peuvent assister aux Assemblées de la Commission centrale. Ils jouiront exclusivement de la Bibliothèque et des collections qu'y formera l'Institut.

Art. 42. — Peuvent concourir pour les prix tous les Membres de l'Institut, excepté ceux de la Commission centrale ou ceux qui en auront fait partie à l'époque où les sujets de prix auront été proposés.

Art. 37. — Les Membres auront la faculté d'exposer, dans un local appartenant à la Société, les objets curieux qu'ils auront rapportés de leurs voyages en tournées dans les départements, ainsi que les écrits, cartes et plans qu'ils auront rédigés. Ils jouiront également de la faculté de faire circuler, avec la correspondance de l'Institut et d'après l'autorisation de la Commission centrale, l'annonce de leurs travaux.

ARTICLES SUPPLÉMENTAIRES.

Art. 1er. — A l'expiration de leurs fonctions, les Présidents de l'Institut prennent le titre de *Président honoraire*.

Art. 2. — L'Institut nommera dans les deux séances annuelles, indistinctement, aux places vacantes dans le sein de la Commission centrale.

Art. 3. — La Commission centrale est autorisée à s'adjoindre, pour collaborateurs, plusieurs Membres de l'Institut ; ils porteront le titre de *Membres adjoints de la Commissson centrale,* et rempliront leurs fonctions jusqu'à l'expiration des pouvoirs de la Commission.

Art. 4. — Les Membres de la Commission centrale qui s'absenteraient pendant un an de suite des Assemblées prescrites par le règlement seront, par ce fait seul, censés démissionnaires ; il sera procédé à leur remplacement à la première Assemblée générale qui suivra l'expiration de l'année d'absence. Cependant, si un Membre était appelé hors de Paris par des fonctions publiques, il continuerait à rester sur le tableau de la Commission centrale. La même règle est applicable aux Membres adjoints.

Art. 5. — Dans le cas où le Président de la Commission centrale quitterait ses fonctions dans le cours de l'année, le premier des Vice-Présidents les remplira de droit pendant le temps restant à courir, sans cesser pour cela d'être éligible comme Président, lors de l'élection suivante.

Art. 6. — La Commission centrale aura la faculté de nommer au dehors de la France des correspondants étrangers. La demande de ce titre doit être faite par écrit et être accompagnée d'un mémoire, ouvrage imprimé ou manuscrit, plans et cartes des lieux explorés. Ces correspondants seront assujettis au droit de Diplôme. Le titre de correspondant se perd quand on cesse, pendant deux années consécutives, d'entretenir des relations avec l'Institut.

Art. 7. — L'Institut admet, sous le titre de *Membres donateurs*, les étrangers et les régnicoles qui s'engagent à payer, lors de leur admission et une fois pour toutes, une somme dont le *minimum* est fixé à trois cents francs. Ce don tiendra lieu de la souscription annuelle. La présentation des candidats sera faite par deux Membres de la Commission centrale; les Membres donateurs jouiront de tous les avantages qui appartiennent aux Membres souscripteurs.

Art. 8. — L'Institut admet encore sous le titre de *Membres protecteurs* les Souverains, les Membres des familles souveraines, les Chefs de Gouvernement et les Notables étrangers ou nationaux qui auront fait don à l'Institut d'une somme de *cinq cents francs à mille francs.*

Art. 9. — Les noms des Donateurs et Bienfaiteurs de l'Institut sont inscrits sur des tables scellées sur les murailles du siége de l'Institut. Ces mêmes inscriptions, destinées à *perpétuer* leur mémoire, sont reproduites dans toutes les contrées où se sera formée une Section correspondante.

Art. 10. — Les cotisations sont destinées au paiement de toutes les dépenses auxquelles donnent lieu les charges de l'Institut.

Art. 11. — Le Conservateur gardien général des Archives, l'Inspecteur général, les Inspecteurs et Agents principaux n'auront droit à une indemnité pour *frais de tournées* et de bureaux, qu'autant qu'ils seront justifiés.

Art. 12. — Le chiffre de ces frais de tournées sera réglé par la Commission centrale, qui statuera également sur le *quantum* des frais de Bureau et émoluments à attribuer à son Secrétaire général et autres fonctionnaires.

DISPOSITIONS TRANSITOIRES

et

DISPOSITIONS ADDITIONNELLES.

Art. 1er. — Avant l'organisation définitive de l'Institut, son Président provisoire recevra les signatures des personnes (après les justifications voulues) qui adhéreront à sa fondation et qui accepteront les présents Statuts.

Art. 2. — Par le fait de leur adhésion, ces personnes deviendront Membres *fondateurs* de l'Institut et elles auront le droit de déterminer à l'avance à quelles Sections elles entendent appartenir.

Art. 3. Les Membres fondateurs n'auront aucun versement à faire en adhérant aux présents Statuts, la cotisation ne pouvant être due et soldée qu'au jour de l'installation légale de l'Institut, c'est-à-dire au moment où ses réunions auront été déclarées à l'Autorité municipale et à partir de l'acte qui en aura été donné par elle.

Art 4. — Si l'expérience venait à démontrer que des modifications aux présents Statuts fussent utiles, ces modifications seraient faites par la Commission centrale, après le vote favorable de ses Sections : ces modifications seraient d'ailleurs soumises à l'Autorité.

Art. 5. — Aucune discussion irritante ne sera tolérée, et il est expressément interdit aux Membres de l'Institut du Temple de la Gloire de s'occuper en Séance, ou dans leurs écrits, de questions politiques, sous peine d'expulsion.

Fait à Paris, le sept octobre mil huit cent cinquante-trois.

Imp. de Mme Smith, rue Fontaine-au-Roi, 18.